PATRONES DE TÉCNICA

Technique Patterns

Contiene: Ejercicios para adquirir destreza
técnica con las manos y los pies.

LA SERIE PATRONES

Los cuatro libros contenidos en la serie Patrones han sido diseñados para ayudar a los estudiantes a entender y asimilar el tipo de material que se utiliza en el mundo de la batería contemporánea. En los libros aparecen muchas sugerencias sobre como se pueden utilizar estos conceptos en la batería, animando también a los estudiantes a que experimenten con esas posibilidades, así como con cualquier otra idea que puedan imaginar.

Es importante entender que estos libros no siguen una secuencia y pueden estudiarse en cualquier orden. Tampoco es necesario completar un libro para saltar a otro. Los diferentes temas que aparecen en ellos pueden trabajarse en el orden que sea más conveniente para el estudiante.

PATRONES DE RÍTMO Y COMPÁS – Se centra en un exhaustivo análisis de materias relacionadas con el ritmo y el compás que incluyen entre otros, ritmos irregulares, poli-ritmos, mezcla de compases y modulaciones métricas.

PATRONES DE STICKING – Presenta una nueva visión de los *stickings* con un énfasis especial en su aplicación a la batería. También se incluyen ejercicios sobre golpes sencillos acentuados así como ejercicios que tratan sobre el uso de los golpes dobles en la batería.

PATRONES PARA MANTENER EL TIEMPO – Se centra en las habilidades para llevar el tiempo en estilos como el jazz y el rock. Entre los temas que se estudian están los ostinatos de plato, el fraseo lineal y también la coordinación melódica y armónica en el jazz.

PATRONES DE TÉCNICA – Contiene material diseñado para ayudar al estudiante a desarrollar sus habilidades técnicas básicas. También incluye una gran variedad de ejercicios para las manos y los pies.

DEDICATORIA
"A Carol y Bridget por 'aguantarme' durante 20 años y por apoyarme siempre."

Acerca de Gary Chaffee

Nacido al norte del estado de New York, Gary estudió la carrera de Ciencias en la Universidad del Estado de Nueva York en Postdam (1966), y un Master en Música en la Universidad DePaul de Chicago (1968).

Desde 1968 a 1972, Gary fue profesor de percusión en la Universidad de Illinois. En 1972 comienza a trabajar en el Berklee College Of Music en Boston, Massachusetts, siendo Jefe del Departamento de Percusión en 1973.

Durante su trabajo en Berklee, Gary desarrolló muchos programas de estudios innovadores para el departamento de percusión, a la vez que tocaba con varias bandas de mucho éxito.

Desde que dejó Berklee en 1977, Gary se estableció como uno de los mejores músicos y profesores en el área de Boston. Ha tocado con muchos artistas de primera fila como: Dave Samuels, Pat Metheny, Mick Goodrick, Steve Swallow, Abe Laboriel, Jaco Pastorius, Mike Stern, Bill Frissell, John Abercrombie, Harvey Schwartz y Gary Burton.

Como profesor, en su lista de estudiantes se encuentran muchos de los mejores bateristas de la escena contemporánea, gente como Vinnie Colaiuta, Steve Smith, Casey Scheurell, Jonathan Mover, David Beal, Joey Kramer y muchos otros.

Gary también está muy solicitado como profesor en master clases y ha tocado por todos los USA y Europa. Sus artículos y entrevistas aparecen en revistas como Modern Drummer, Percussioner International, Drum Tracks, Rimshot (Alemania) y Rhythm Magazine (Inglaterra).

Todos aquellos que estén interesados en contactar con Gary pueden escribir a GC Music, 16 White Oak Road, West Roxbury, MA 02132, teléfono (617) 323-1154

Traducido por:

José Manuel Mena Cuevas
Nacido en Madrid en 1972 y graduado con Honores en el Musician´s Institute (Londres) y Magna cum laude por el Berklee College of Music de Boston (U.S.A), ha sido alumno de Skip Hadden, Jon Hazilla, Dave Dicenso, John Ramsay, Hal Crook. En la actualidad trabaja como músico de estudio y de directo para diferentes artistas nacionales e internacionales, es Jefe de Estudios de Lydian Road Estudios, y dirige el departamento de batería en Tam Tam percusión (Sevilla). Es sponsor de la marca de baterías Yamaha, platos Zildjian y de instrumentos de percusión Duende. Reside en la actualidad en Mazagón (Huelva, España)

Ramón Ángel Rey
Nacido en Vigo, España en 1970 y graduado Magna cum laude por el Berklee College of Music de Boston (U.S.A), ha sido alumno de Gary Chaffee, Hal Crook, Jon Hazilla y John Ramsay. En la actualidad, además de impartir seminarios por toda España como sponsor de las baterías Mapex y los platos Meinl, dirige el departamento de batería de Aula de so (S. Cugat) y es profesor del Taller de musics de Barcelona, España, ciudad en la que reside. Ramón desarrolla además una intensa actividad grabando y acompañando a algunos de los músicos de jazz más importantes de España.

Contenidos

Introducción

El contenido de este libro está pensado para que el estudiante adquiera un alto nivel técnico tanto con las manos como con los pies. PATRONES DE TÉCNICA está dividido en varias secciones donde las relativas al estudio del control de dedos y de resistencia deben estudiarse primero. El resto de secciones: mezclas de golpes dobles, combinaciones entre manos y pies, agrupaciones de múltiples notas (tres o más por mano) y frases con *stickings*[*] tanto en tresillos como en semicorcheas, se pueden estudiar en cualquier orden dependiendo de las necesidades específicas de cada estudiante.

Los ejercicios están escritos de manera escueta y deben repetirse muchas veces. Al principio debemos trabajarlos a un tempo moderado e ir incrementándolo cuando nos sintamos familiarizados y cómodos con ellos.

Como regla general, hay que intentar tocar estos ejercicios tan relajadamente como sea posible, incluso en los casos que entrañen una gran dificultad.

Buena suerte y disfruta.

*N. del T.: La palabra *sticking* puede traducirse como combinación de manos.

*N. del T.: En todo el libro se ha respetado la notación del libro original incluyéndose las letras que aparecen debajo de las figuras de algunos ejercicios. En estos casos, la letra **r** quiere decir mano derecha (*right hand*) y la letra **l** mano izuierda (*left hand*).

Ejercicios para el control de dedos

Los ejercicios de esta sección están diseñados para mejorar la técnica en el control de dedos y están divididos en tres grupos. El primer grupo de ejercicios es para desarrollar fuerza con cada dedo de manera individual. En el segundo grupo se estudian combinaciones de dedos y en el tercero entran en juego los dedos que forman la "pinza" con la que sujetamos la baqueta.

El uso de los dedos puede ser muy beneficioso para nuestra técnica ya que son muy importantes dependiendo de que tipo de matices queramos utilizar.

En la mayoría de las ocasiones utilizamos todos los dedos a la vez de manera colectiva. La meta de estos ejercicios es conseguir control con cada uno de manera individual, mejorando así el resultado cuando los utilicemos en conjunto.

Cuando se estudien estos ejercicios ha de tenerse en cuenta:

a. Que la posición de las manos no varíe de la que se tiene   normalmente.

b. Cuando se trabaje con un dedo de manera individual, se debe procurar que esté separado de los demás y que ninguno de ellos esté tocándose entre sí ni tocando la baqueta.

c. Que sean los dedos los que realmente se muevan y toquen las notas. Si se hace correctamente el movimiento de muñeca es mínimo.

Grupo A – Ejercicios tratando los dedos individualmente

Estos ejercicios son para desarrollar fuerza en cada uno de los dedos. Deben practicarse de la siguiente manera:

a. Tocando cada ejercicio entero con una mano y luego con la otra, repitiéndose esta secuencia cuatro veces.

b. Una vez trabajados los ejercicios por separado se debe intentar combinarlos uno detrás del otro como si fuera un proceso completo.

c. Al principio se tocarán a un tempo lento, para ir incrementándolo después.

d. Los números que aparecen debajo de las notas, nos indican que dedo se debe usar. Debemos recordar que hay que mantener los dedos que no se usen separados de los demás y de la baqueta.

3.

3 3 3 3 3 3 3 3 3 3
4 4 4 4 4 4 4 4 4 4
5 5 5 5 5 5 5 5 5 5
etc.

4.

3 3 3 3 3 3 3 3 3 3 3 3
4 4 4 4 4 4 4 4 4 4 4 4
5 5 5 5 5 5 5 5 5 5 5 5
etc.

5.

3 3 3 3 3 3 3 3 3 3 3 3 3 3
4 4 4 4 4 4 4 4 4 4 4 4 4 4
5 5 5 5 5 5 5 5 5 5 5 5 5 5
etc.

6.

3 3 3 3 3 3 3 3 3 3 3 3 3 3 3 3
4 4 4 4 4 4 4 4 4 4 4 4 4 4 4 4
5 5 5 5 5 5 5 5 5 5 5 5 5 5 5 5
etc.

Grupo B – Combinaciones de dedos

En estos ejercicios se combinan los dedos de manera sucesiva, primero en grupos de cuatro, luego de tres y finalmente en grupos de dos.

Cada ejercicio entero se tocará primero con una mano y luego con la otra, repitiendo esta secuencia cuatro veces. Una vez trabajados así, se tocarán los tres ejercicios como un conjunto, pasando de uno a otro sin pausas.

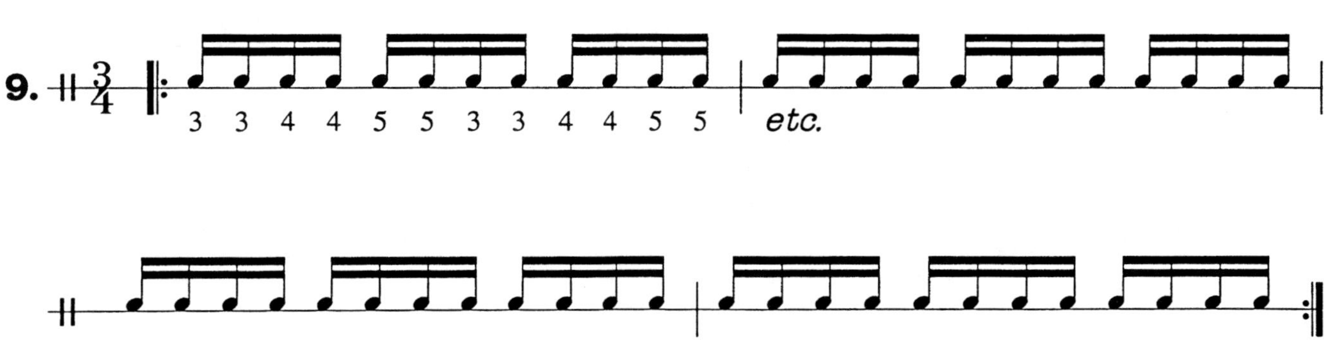

Grupo C – Pinza y mezcla de dedos

En este grupo de ejercicios también se usa la pinza (sujeción que hacemos de la baqueta con los dedos pulgar e índice) para tocar algunas de las notas. Esto ayudará a adquirir fuerza en los dedos con los que realmente sujetamos la baqueta, diferenciándolos claramente de los otros. El procedimiento que seguiremos para practicarlo será el mismo que utilizamos en los ejercicios anteriores. La letra "f "debajo de la nota nos indica la pinza.[*]

Trabajando con estos ejercicios, se logrará un nivel básico en el desarrollo del control y la flexibilidad de los dedos. Para continuar este proceso, deben incorporarse estos u otros ejercicios similares a los hábitos de estudio diarios.

[*]N. del T.: La letra "f" para designar la pinza es porque en inglés se denomina fulcrum (punto de apoyo de una palanca)

Ejercicios de resistencia

El siguiente ejercicio está diseñado para adquirir fuerza y resistencia a la hora de tocar el redoble con golpes simples. El ejercicio está formado por dieciséis frases de un compás y debe practicarse de la siguiente manera:

a. Repitiendo cada compás cuatro veces.

b. Sin parar cuando se pase de un compás a otro.

c. Tocando el ejercicio entero subiendo y después bajando. En otras palabras, primero subiendo del 1 al 16 y después bajando (compases 15, 14, 13, etc.) hasta volver al principio.

A medida que ascendemos, cada compás contiene un mayor número de fusas, por lo que el punto máximo está justo en la mitad, en el compás 16. Desde ahí bajamos relajando las manos gradualmente, ya que vamos quitando fusas, hasta llegar al primer compás.Este ejercicio es bastante largo por lo que sugiero no empezar muy rápido sino no se podrá terminar. Lo más recomendable es empezar a practicarlo alrededor de 80 bpm[*] y de ahí ir incrementando la velocidad según se considere oportuno.

Debemos trabajar con el metrónomo e intentar conseguir tanta igualdad en los golpes como se pueda. El ejercicio en si, es bastante fácil de memorizar, por lo que realmente se podrá prestar atención a las manos mientras se practica. Hay que asegurarse de tocar siempre alternando los golpes; esto dará como resultado que unos ejercicios empezarán con la mano derecha y otros con la izquierda.

Este ejercicio debe trabajarse empezando cada vez con una mano.

[*]N. del T: bpm, Beats per minute que en español significa golpes por minuto.

Ejercicio de resistencia para el redoble de golpes simples

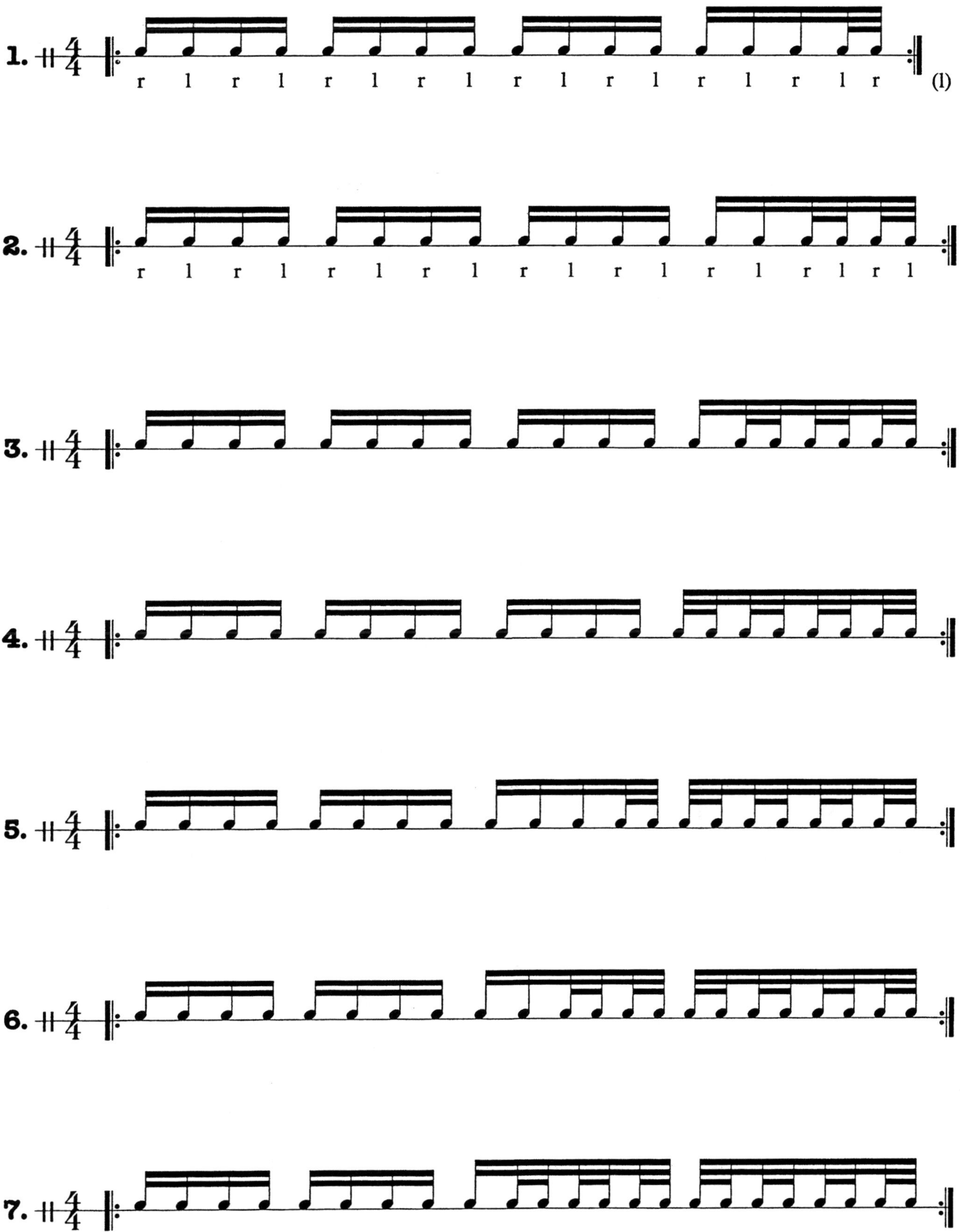

Ejercicio de resistencia para el redoble de golpes simples

(continuación)

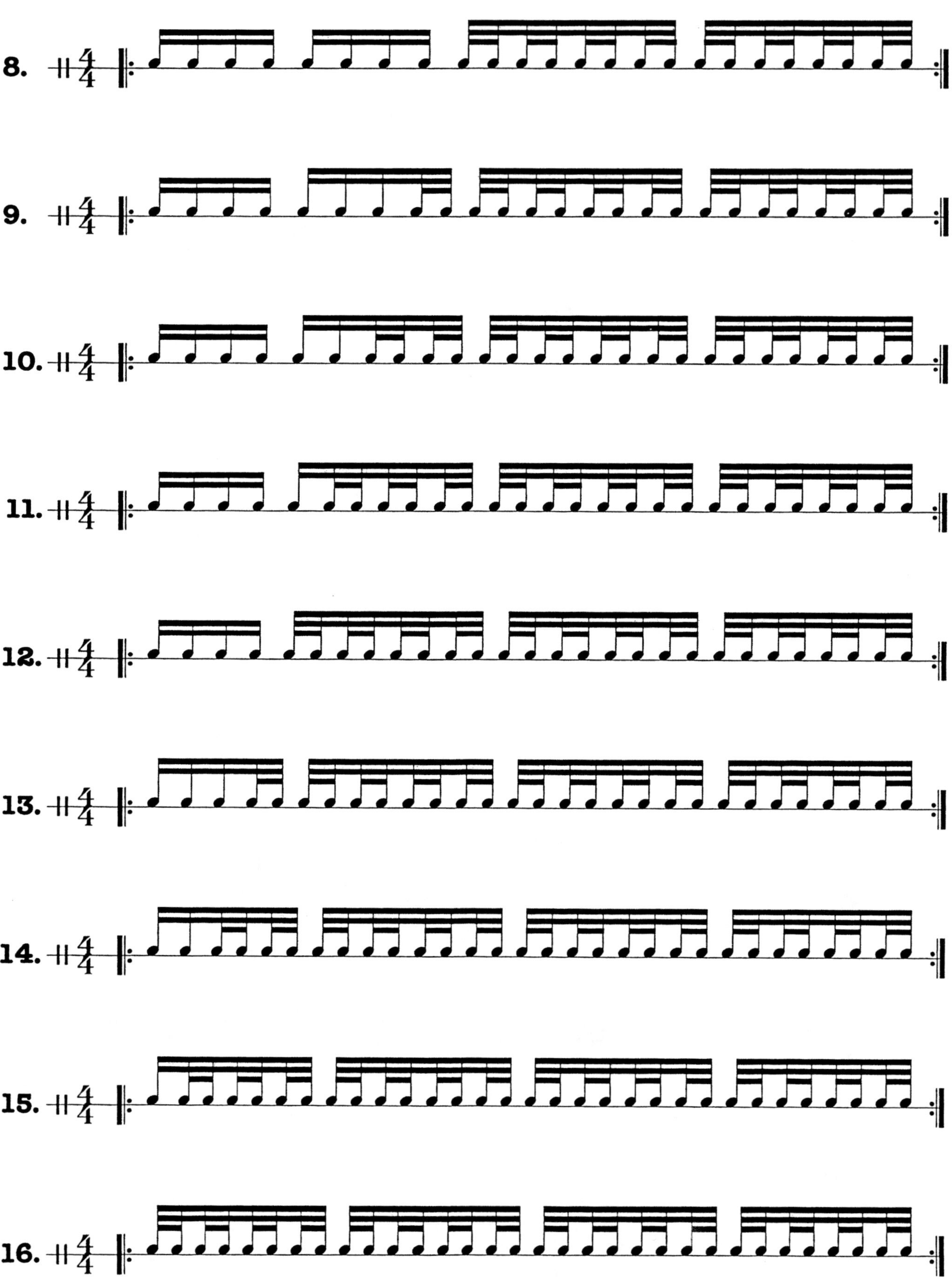

Ejercicio de resistencia para el redoble de golpes dobles

El ejercicio anterior se puede utilizar para estudiar también los golpes dobles. En este caso, las semicorcheas se tocarán de la misma forma, con golpes simples alternantes, pero las fusas se harán con golpes dobles.

Ejercicio de resistencia para el redoble orquestal

Cuando utilicemos el ejercicio de resistencia para el redoble orquestal o redoble cerrado, sustituiremos cada fusa por un golpe múltiple de redoble cerrado.

Estos tres ejercicios anteriores deben incorporarse a las sesiones de práctica diaria.

Ejercicios de golpes simples y dobles

A continuación utilizaremos golpes simples y dobles con diferentes estructuras rítmicas. Para practicar estos ejercicios se debe utilizar el siguiente procedimiento.

a. Repetir cada línea cuatro veces y pasar a la siguiente sin parar.

b. Trabajar a un tempo moderado al principio. Luego puede subirse la velocidad.

c. Debe prestarse mucha atención cuando se cambie de un ritmo a otro, intentando que el cambio sea lo más preciso posible.

Notación – Los ejercicios de esta sección están escritos de la siguiente manera:

Mano derecho (o Izquierda)
Mano izquierda (o Derecho)

Al principio, cuando se trabajen estos ejercicios, debe tocarse la línea de arriba con la mano derecha y la de abajo con la izquierda. Una vez practicado así, se cambiarán las manos, de manera que empiece guiando la mano izquierda.

Ejercicio rítmico básico

Ejercicio #1

En este ejercicio aparecen golpes sencillos y dobles en agrupaciones rítmicas que van de dos a ocho notas. En cada una de estas frases de dos compases, se utilizan golpes simples en el primer compás y golpes dobles en el segundo. Cada línea se repetirá cuatro veces.

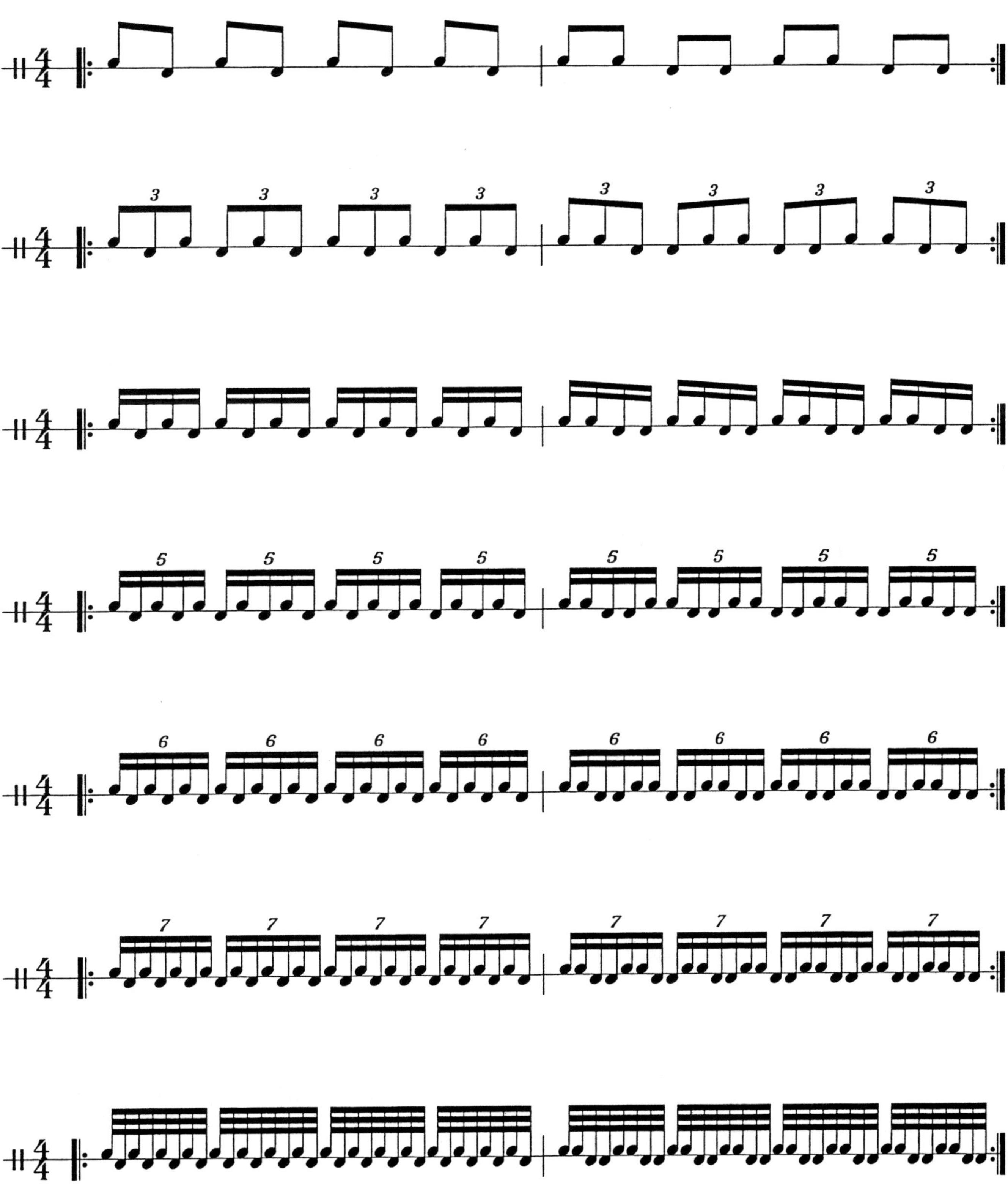

Ejercicios utilizando ritmos mezclados

Ejercicio #2

Ejercicio #3

Ejercicio #4

Ejercicio #5

Ejercicios utilizando ritmos mezclados (continuación)

Ejercicio #6

Ejercicio #7

Ejercicio #8

Ejercicio #9

Ejercicios utilizando ritmos mezclados (continuación)

Ejercicio #10

Ejercicio #11

Ascendentes/Descendentes

Ejercicio #12

Ejercicio #13

Utilizando subdivisiones

Ejercicio #14

Ejercicio #15

Ejercicio #16

Ejercicio #17

Ejercicios de notas múltiples

Los siguientes ejercicios implican el uso de agrupaciones de notas múltiples que van de tres a ocho en cada mano y que serán de gran ayuda en el desarrollo de la fuerza y la resistencia.

Cada ejercicio se compone de cuatro líneas individuales y se deben estudiar de la siguiente forma:

    a. Repitiendo cada línea cuatro veces y pasando a la siguiente sin parar.

    b. Trabajando a un tempo moderado al principio para luego ir incrementándolo según se considere oportuno.

    c. Cuando se toque un grupo de notas múltiples debe pensarse como una unidad, intentando estar tan relajado como sea posible.

La manera en la que están escritos estos ejercicios es la misma que en los anteriores de golpes simples y dobles. Debemos asegurarnos de empezar estos ejercicios con cualquiera de la dos manos.

Ejercicios usando tres notas en cada mano

Ejercicio #1

Ejercicio #2

Ejercicios usando tres notas en cada mano (continuación)

Ejercicio #3

Ejercicio #4

Ejercicios usando cuatro notas en cada mano

Ejercicio #5

Ejercicio #6

Ejercicios usando cuatro notas en cada mano (continuación)

Ejercicio #7

Ejercicio #8

Ejercicios usando cinco notas con cada mano

Ejercicio #9

Ejercicio #10

Ejercicios usando seis notas con cada mano

Ejercicio #11

Ejercicio #12

Ejercicios usando siete notas con cada mano

Ejercicio #13

Ejercicio #14

Ejercicios usando ocho notas con cada mano

Ejercicio #15

Ejercicio #16

Combinaciones de manos y pies

Los ejercicios de esta sección están diseñados para mejorar la coordinación y flexibilidad entre las dos manos y los pies. Están divididos en dos partes, empleando semicorcheas en la primera y tresillos en la segunda.

Cada parte empieza con ejercicios preparatorios. A continuación se amplían para mostrar más posibilidades.

El procedimiento práctico será el siguiente:

a. Repetir cada ejercicio cuatro veces para pasar al siguiente sin pausas y repitiendo el mismo proceso.

b. Trabajar a un tempo moderado al principio para luego ir incrementándolo según se considere oportuno.

c. Intentar mantener el balance entre las voces. Habrá que vigilar que el volumen del bombo no sea ni más ni menos fuerte que el de las manos.

La forma básica de notación empleada en los anteriores ejercicios, se expande ahora para incluir el bombo:

Mano derecho (o Izquierda)
Mano izquierda (o Derecho)
El bombo

Todos los ejercicios se trabajarán guiando primero con la mano derecha y después con la izquierda.

Ejercicios básicos de semicorcheas

Ejercicio #1

Ejercicio #2

Ejercicio #3

Ejercicio #4

Ejercicio #5

Ejercicio #6

Ejercicios básicos de semicorcheas (continuación)

Ejercicio #7

Ejercicio #8

Ejercicio #9

Ejercicio #10

Ejercicio #11

Ejercicio #12

Ejercicios básicos de semicorcheas (continuación)

Ejercicio #13

Ejercicio #14

Ejercicio #15

Ejercicio #16

Ejercicio #17

Ejercicio #18

Combinaciones de diferentes grupos usando semicorcheas

Ejercicio #1

Ejercicio #2

Ejercicio #3

Ejercicio #4

Ejercicio #5

Ejercicio #6

Ejercicios usando fusas

Ejercicio #1

Ejercicio #2

Ejercicio #3

Ejercicio #4

Ejercicio #5

Ejercicio #6

Ejemplos usando mordentes

Tocar todos los ejercicios usando mordentes empezándolos con la mano derecha y luego con la izquierda.

Ejercicio #1

Ejercicio #2

Ejercicio #3

Ejercicio #4

Ejercicio #5

Ejercicio #6

Ejercicios básicos de tresillos

Ejercicio #1

Ejercicio #2

Ejercicio #3

Ejercicio #4

Ejercicio #5

Ejercicio #6

Ejercicio #7

Ejercicios básicos de tresillos (continuación)

Ejercicio #8

Ejercicio #9

Ejercicio #10

Ejercicio #11

Ejercicio #12

Ejercicio #13

Ejercicio #14

Ejercicio #15

Ejercicio #16

Ejercicio #17

Ejercicio #18

Ejercicio #19

Ejercicio #20

Ejercicio #21

Combinaciones de diferentes grupos usando tresillos

Ejercicio #22

Ejercicio #23

Ejercicio #24

Ejercicio #25

Ejercicio #26

Ejercicio #27

Frases con tresillos doblando notas

Ejercicio #1

Ejercicio #2

Ejercicio #3

Ejercicio #4

Ejercicio #5

Ejercicio #6

Frases con tresillos usando mordentes

Tocar todos los ejercicios utilizando mordentes empezándolos con la mano derecha y luego con la izquierda.

Ejercicio #1

Ejercicio #2

Ejercicio #3

Ejercicio #4

Ejercicio #5

Ejercicio #6

Combinaciones de manos y pies mezclando ritmos
(golpes dobles)

En este ejercicio se usan grupos de dos notas mezclando manos y pies en una secuencia rítmica ascendente.

Combinaciones de manos y pies mezclando ritmos
(golpes simples)

En este ejercicio son los golpes sencillos los que se tocan con las manos y los pies en una secuencia rítmica ascendente.

Stickings

En esta última sección del libro se estudian los *stickings* -que son diferentes combinaciones de manos que podemos mezclar para crear frases. El propósito de estos ejercicios es mostrar como pueden combinarse y mezclarse diferentes tipos de *stickings* para formar frases con semicorcheas y tresillos.

La manera de practicar los *stickings* se explica en el libro PATRONES DE STICKING. Aquellos que hayan trabajado ya sobre este concepto pueden usar el material de esta sección para ampliar conocimientos.

Para aquellos que no hayan estudiado ese libro, la introducción que viene a continuación explica el procedimiento a seguir para trabajarlos. Una vez estudiados los ejercicios que aparecen en este libro, puede volverse al de PATRONES DE STICKING para explorar las diferentes posibilidades que allí se presentan.

Stickings compuestos

Las once combinaciones de manos (*stickings*) que componen este sistema las llamaremos
"compuestas" porque están formadas por una mezcla de golpes simples y dobles. Estudiaremos
cinco grupos y los clasificaremos según la cantidad de golpes dobles y simples que contienen.
En el grupo A, los *stickings* contienen un golpe simple, en el grupo B dos, y así sucesivamente.
En la lista que viene a continuación aparecen las versiones básicas de los *stickings*. Las letras
que aparecen debajo de la combinación de manos indican el tipo de movimiento que se utiliza al
ejecutar el golpe, que es algo que veremos más adelante.

Grupo A (1 golpe simple)

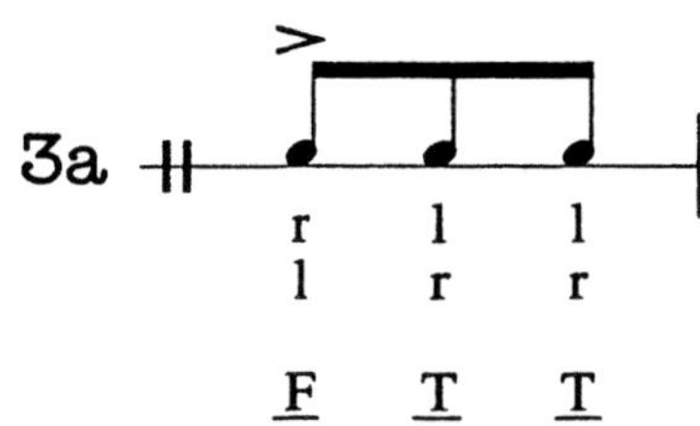

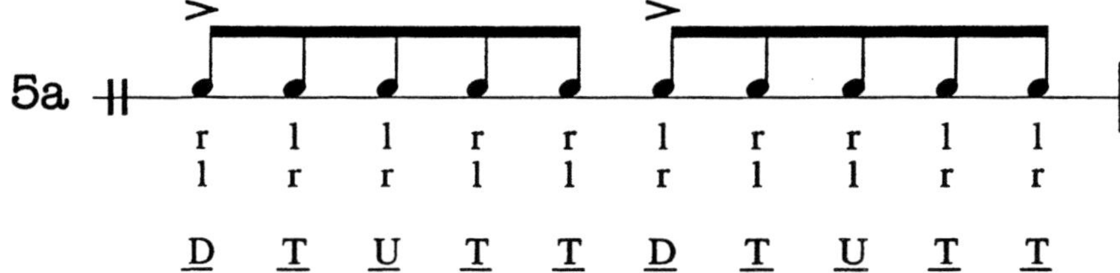

Grupo B (2 golpes simples)

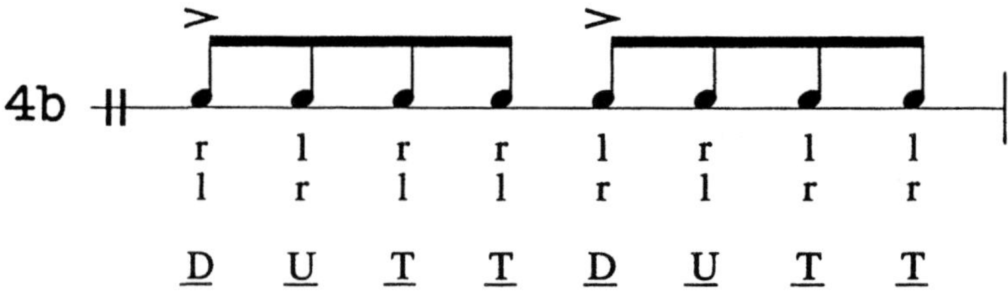

Grupo B (continuación)

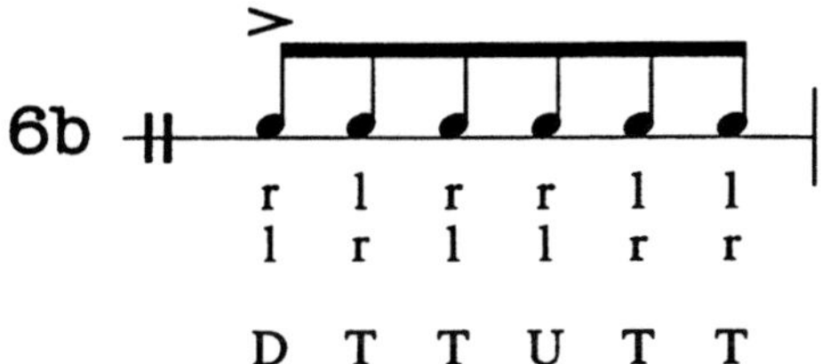

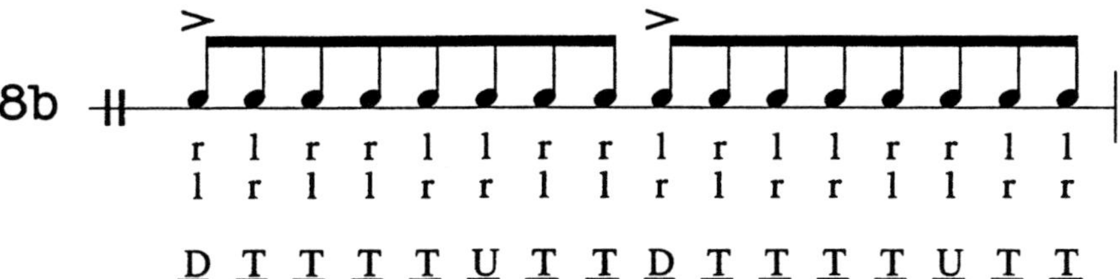

Grupo C (3 golpes simples)

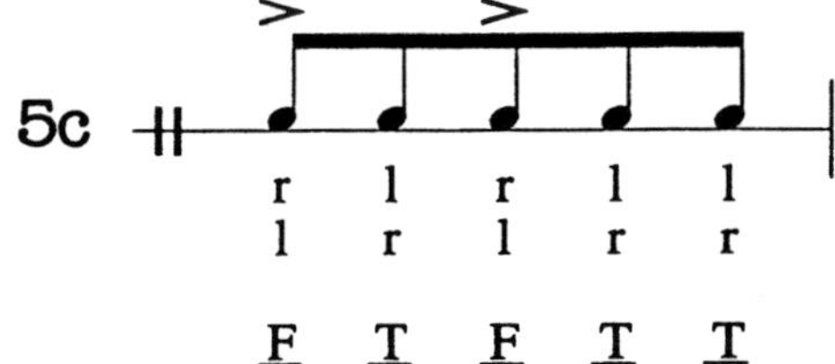

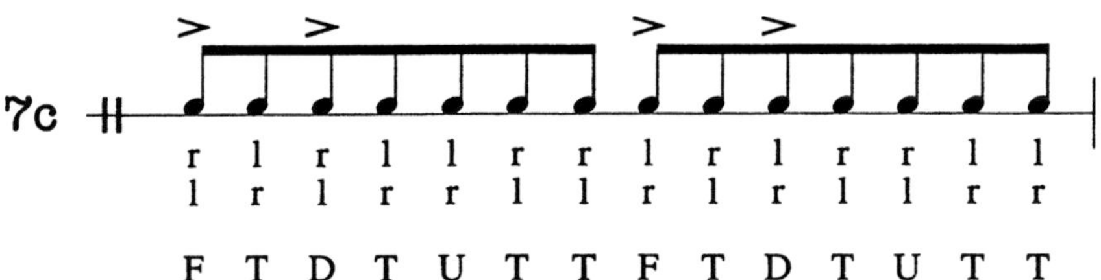

Grupo D (4 golpes simples)

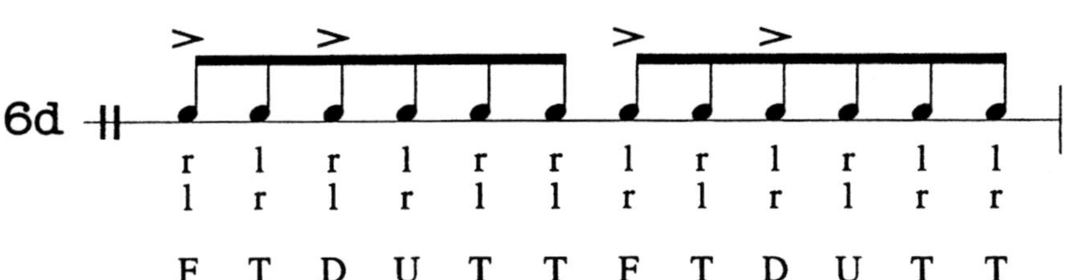

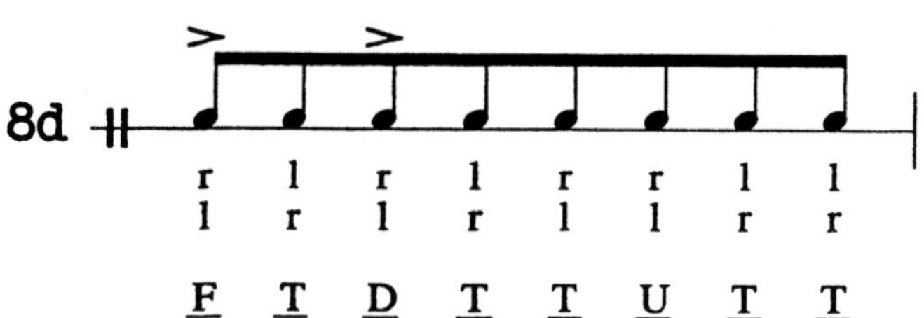

Grupo E (5 golpes simples)

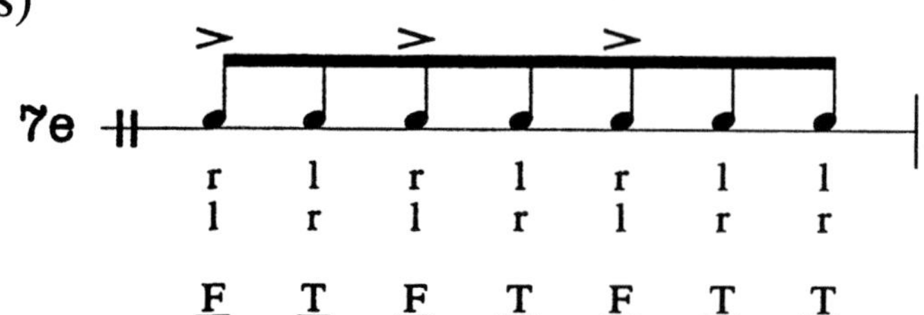

Es importante entender que estos grupos de notas no tienen un contexto rítmico en particular, es decir, el grupo de tres notas no es un tresillo ni el de cinco un cinquillo. Son simplemente grupos de tres o cinco notas que pueden utilizarse en cualquier ritmo o combinación de ritmos que queramos.

Este concepto es la base de todo este sistema de *stickings*. En general, puede decirse que los *stickings* son la versión baterística de las articulaciones. Si tocamos el mismo patrón con diferentes *stickings* sonará diferente. Además, cada *sticking* produce su propio orden de notas al combinar las manos y a esto se le puede sacar partido, tanto para crear ritmos como solos. Al ser la batería un instrumento compuesto por diferentes elementos, el dominar una gran variedad de frases creadas con *stickings* supone una clarísima forma de conseguir soltura por todo el instrumento. De hecho, dentro del grupo de los instrumentos de percusión, la batería es probablemente al que más beneficio se le puede sacar utilizando los *stickings*.

Mientras se estudie esta sección se debe experimentar con las ideas que se nos ocurran. Las frases en semicorcheas son muy útiles en estilos como Rock o música latina. Las frases con subdivisión de tresillos son perfectas para desarrollar *shuffles* u otro tipo de ritmos de doce por ocho o cualquier otro ritmo de subdivisión ternaria, además, cualquier frase lineal puede servir para desarrollar vocabulario útil para los solos.

Tipos de golpes

Debajo de los *stickings* aparecen unas letras que indican el tipo de golpe con el que se toca esa nota. Los cuatro tipos básicos de golpes son:

Full Stroke-Golpe completo (F)

El golpe comienza arriba y termina arriba.

Down Stroke-Golpe hacia abajo (D)

El golpe comienza arriba y termina abajo tras golpear.

Up Stroke-Golpe hacia arriba (U)

El golpe empieza abajo y termina arriba.

Tap Stroke-Golpe tap (T)
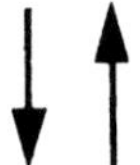
El golpe comienza y termina abajo.

Los *Full Stroke* (golpes completos) y *Down Stroke* (golpes hacia abajo) se utilizan para tocar acentos, y los *Up Stroke* (golpes hacia arriba) y *Tap Stroke* (golpes tap) para tocar notas no acentuadas.

Estos cuatro movimientos forman parte de la técnica del *Down-Up* (abajo-arriba) diseñada para mostrar como se deben mover las manos a la hora de ejecutar un patrón determinado. Cuando comencemos a practicar esta técnica, las notas acentuadas deben tocarse desde una altura considerable (unos 90 grados) y las no acentuadas desde poca altura (unos 15 grados). Usando este proceso exagerado, será fácil que notemos los diferentes movimientos que empleamos al tocar. También se debe intentar pasar de uno a otro tan rápido y limpiamente como se pueda, eliminando cualquier gesto innecesario. A medida que dominamos estos movimientos, se debe empezar a practicar de una manera más habitual, donde la diferencia entre la altura de las notas acentuadas y las no acentuadas no es tan grande.

Acerca de los acentos

Cada una de las versiones de *stickings* vistas anteriormente, aparecen con unos acentos determinados. En estas versiones, estos acentos no son los únicos que se pueden utilizar; son los más básicos, sobre todo para poder escuchar el *sticking* a la vez que se toca. Por este motivo, serán los que se estudien en esta sección.

Otras posibilidades de acentuación relacionadas con estos *stickings* aparecen en el libro PATRONES DE STICKING. Decir también que, una vez que se empiecen a usar los *stickings* en diferentes contextos, pueden utilizarse otros acentos (cosa muy probable a la hora de tocar ritmos) o incluso no utilizar acentos en absoluto (algo que puede pasar al hacer solos). Se debe experimentar libremente en este tipo de situaciones.

Procedimiento práctico

La mayoría de los ejercicios en ésta sección están escritos en dos compases. El primer compás de cada ejemplo usa un *sticking* que encaja con el ritmo que se toca (En los ejemplos de semicorcheas se utiliza el *sticking* 4b, en los de tresillos, el de 3a.) En el segundo compás se toca la frase en si del *sticking* , formada normalmente por una combinación de dos o tres *stickings*.

Algunas frases tienen más de una versión (por ejemplo, uno puede usar el 5a mientras otro incorpora el 5c). Además, cada frase tendrá varios órdenes diferentes, lo que significa que la secuencia de *stickings* puede cambiar de lugar.

Todos los ejercicios pertenecientes al mismo grupo se deben trabajar como una unidad. Debe practicarse cada ejercicio de manera individual hasta que nos resulte cómodo tocarlo, pasando al siguiente sin pausa.

Es recomendable comenzar a trabajar las frases a un tempo moderado prestando mucha atención al tipo de movimiento que debemos usar para cada golpe, recordando siempre la diferencia de sonido entre las notas acentuadas y las no acentuadas. Esto nos permitirá escuchar los *stickings* cuando los usemos.

Mezcla de stickings de Seis-Seis-Cuatro

Secuencia de 6-6-4

1. 6b/6d/4b

2. 6d/6b/4b

Secuencia de 6-4-6

3. 6b/4b/6d

4. 6d/4b/6b

Secuencia 4-6-6

5. 4b/6b/6d

6. 4b/6d/6b

Mezcla de stickings de Cinco-Cinco-Seis

Secuencia de 5-5-6

1. **5a/5a/6b**

2. **5c/5c/6b**

Secuencia de 5-6-5

3. **5a/6b/5a**

4. **5c/6b/5c**

Secuencia de 6-5-5

5. **6b/5a/5a**

6. **6b/5c/5c**

Mezcla de stickings de Ocho-Cinco-Tres

Secuencia de 8-5-3

1. 8b/5a/3a

2. 8d/5c/3a

Secuencia de 8-3-5

3. 8b/3a/5a

4. 8d/3a/5c

Secuencia de 5-8-3

5. 5a/8b/3a

6. 5c/8d/3a

Mezcla de stickings de Ocho-Cinco-Tres (continuación)

Secuencia de 5-3-8

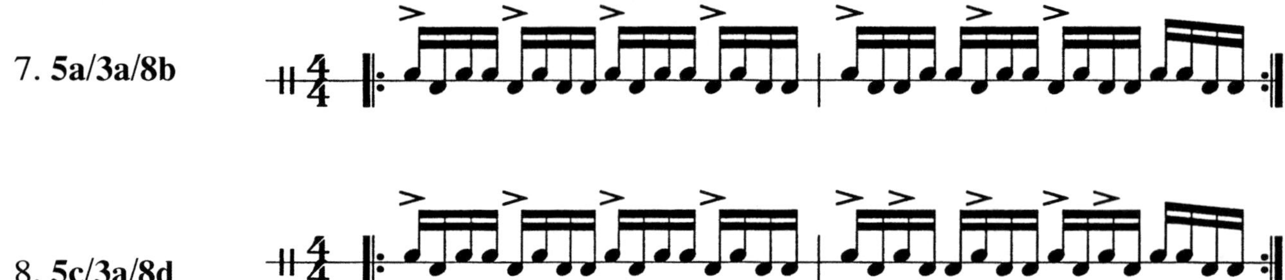

7. **5a/3a/8b**

8. **5c/3a/8d**

Secuencia de 3-8-5

9. **3a/8b/5a**

10. **3a/8d/5c**

Secuencia de 3-5-8

11. **3a/5a/8b**

12. **3a/5c/8d**

Mezcla de stickings de Tres-Tres-Cinco-Cinco

Secuencia de 3-3-5-5

1. 3a/3a/5a/5a

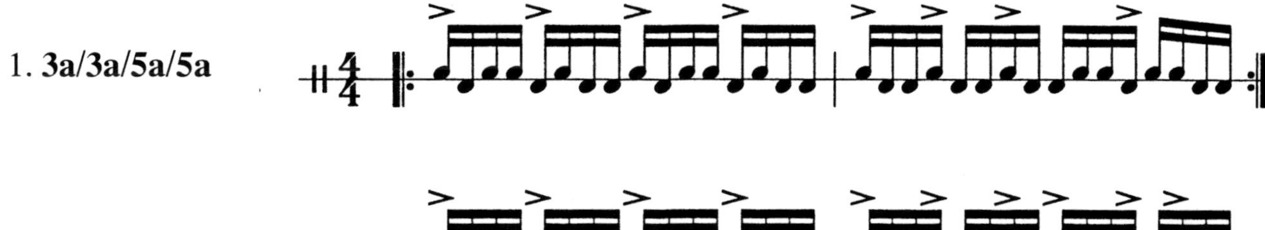

2. 3a/3a/5c/5c

Secuencia de 5-5-3-3

3. 5a/5a/3a/3a

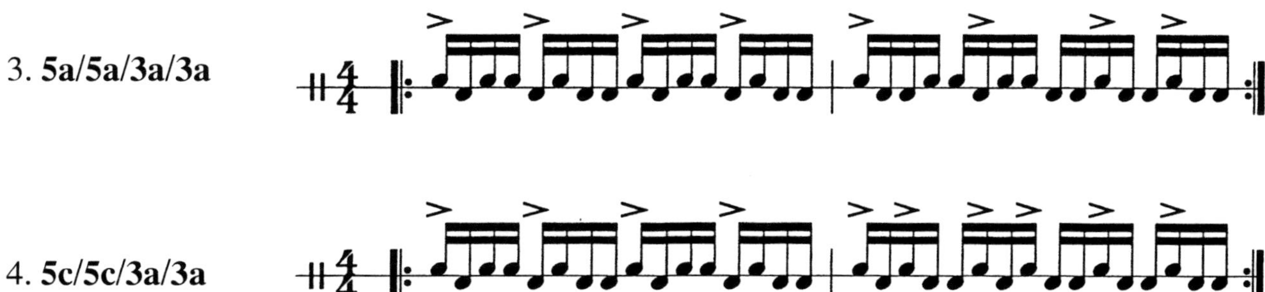

4. 5c/5c/3a/3a

Secuencia de 3-5-3-5

5. 3a/5a/3a/5a

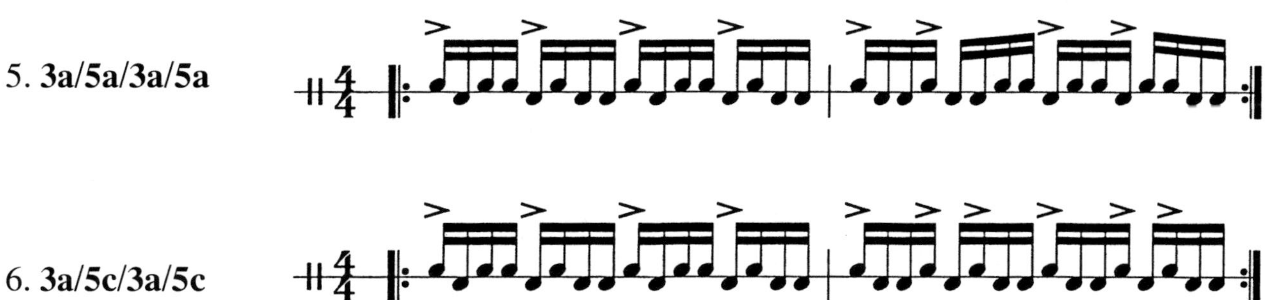

6. 3a/5c/3a/5c

Mezcla de stickings de Tres-Tres-Cinco-Cinco (continuación)

Secuencia de 5-3-5-3

7. **5a/3a/5a/5a**

8. **5c/3a/5c/3a**

Secuencia de 3-5-5-3

9. **3a/5a/5a/3a**

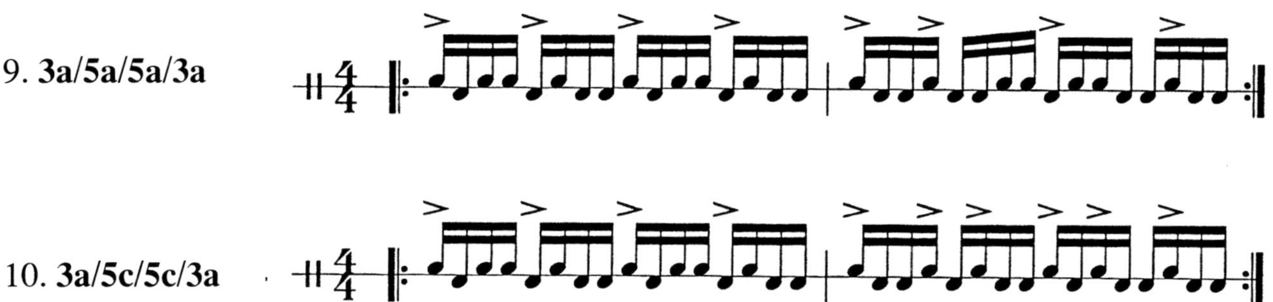

10. **3a/5c/5c/3a**

Secuencia de 5-3-3-5

11. **5a/3a/3a/5a**

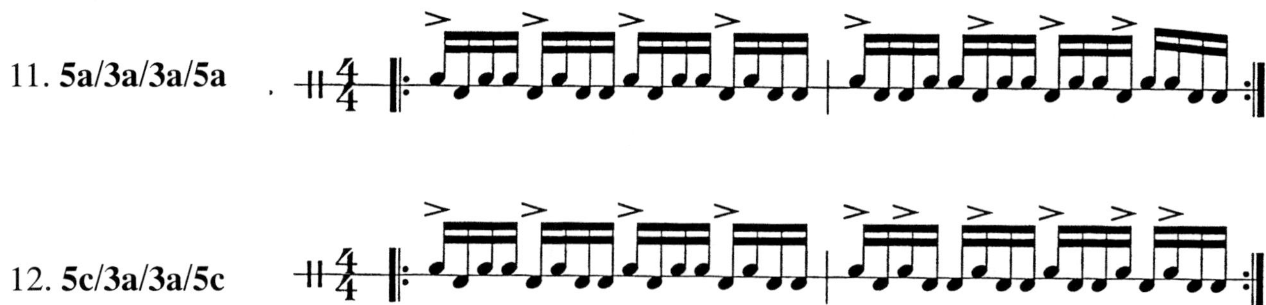

12. **5c/3a/3a/5c**

Mezcla de stickings de Cuatro-Cuatro-Cinco-Tres

Hay sólo un *sticking* que no hace alternar las manos en la combinación de la frase de 4-4-5-3. En cada ejemplo se muestra una secuencia diferente.

Mezcla de stickings de Cuatro-Cuatro-Cinco-Tres (continuación)

7. **4b/3a/4b/5c**

8. **4b/5c/4b/3a**

9. **3a/4b/5c/4b**

10. **5c/4b/3a/4b**

11. **3a/4b/4b/5c**

12. **5c/4b/4b/3a**

Mezcla de Siete-Cinco-Cuatro

Secuencia de 7-5-4

Secuencia de 7-4-5

Mezcla de Siete-Cinco-Cuatro (continuación)

Secuencia de 5-7-4

7. **5a/7a/4b**

8. **5a/7e/4b**

9. **5c/7c/4b**

Secuencia de 5-4-7

10. **5a/4b/7a**

11. **5a/4b/7e**

12. **5c/4b/7c**

Secuencia de 4-7-5

13. **4b/7a/5a**

14. **4b/7e/5a**

15. **4b/7c/5c**

Secuencia de 4-5-7

16. **4b/5a/7a**

17. **4b/5a/7e**

18. **4ba/5c/7c**

Mezcla de stickings de Siete-Seis-Tres

Secuencia de 7-6-3

1. 7a/6b/3a

2. 7e/6b/3a

3. 7c/6b/3a

Secuencia de 7-3-6

4. 7a/3a/6b

5. 7e/3a/6b

6. 7c/3a/6d

Secuencia de 6-3-7

7. **6b/3a/7a**

8. **6b/3a/7e**

9. **6d/3a/7c**

Secuencia de 6-7-3

10. **6b/7a/3a**

11. **6b/7e/3a**

12. **6d/7c/3a**

Mezcla de Siete-Seis-Tres (continuación)

Secuencia de 3-6-7

13. **3a/6b/7a**

14. **3a/6b/7e**

15. **3a/6d/7c**

Secuencia de 3-7-6

16. **3a/7a/6b**

17. **3a/7e/6b**

18. **3a/7c/6d**

Creando frases más largas con semicorcheas

Todos los ejercicios que aparecían hasta este punto duraban sólo un compás. Obviamente, usar los mismos *stickings* para desarrollar frases más largas sería un recurso bastante sencillo. Los ejemplos que vienen a continuación tratan diferentes formas de conseguirlo:

Alternando los stickings

En estos ejemplos, el *sticking* alterna de forma natural de un compás al otro.

1. **6b/6b/4b**

2. **7a/5c/4b**

3. **3a/7a/6d**

4. **5c/6d/5c**

Sustitución

En estos ejemplos, en una parte de la frase se sustituye un grupo de figuras por otro.

5. **6b/6b/4b** se transforma en **3a/3a/3a/3a/4b**

6. **8b/4b/4b** se transforma en **3a/5a/4b/4b**

Agrupación

En estos ejemplos la frase se hace más larga a base de agrupar figuras de la misma duración.

7. **7e/7e/6d/6d/3a/3a**

8. **5a/5a/5a/5a/3a/3a/3a/3a** y **5c/5c/5c/5c/3a/3a/3a/3a**

Frases que cruzan la línea divisoria del de compás

En estos ejercicios, la frase se completa en dos compases.

9. **6b/4b/4b/6b — 4b/4b/4b**

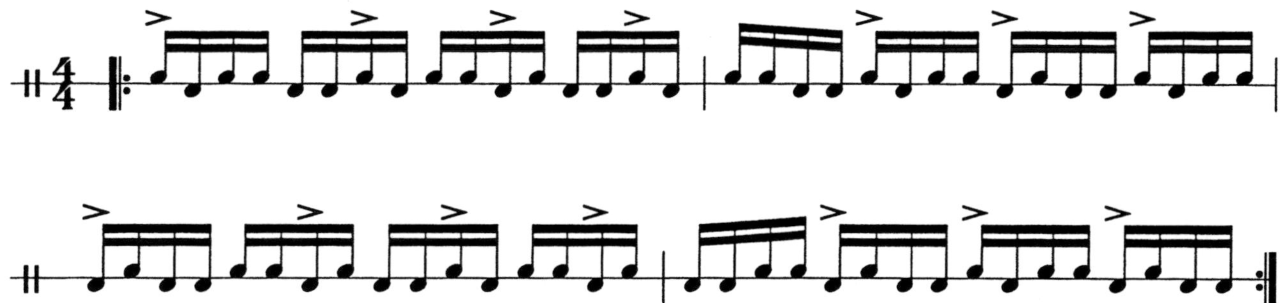

10. **4a/4b/3a/3a/4b — 4b/3a/3a/4b**

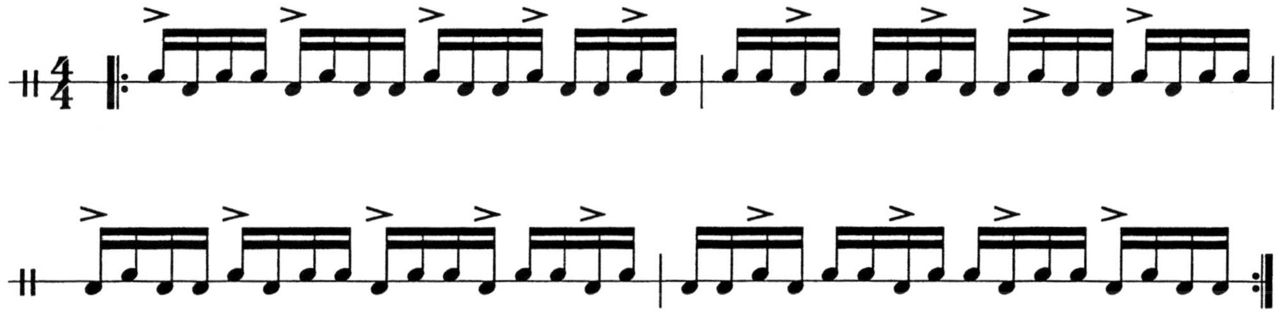

11. **7a/5c/7a — 5c/4b/4b**

Asimilados estos conceptos, se debe experimentar para seguir creando frases largas.

Stickings cíclicos en semicorcheas

Los siguientes ejercicios utilizan un solo grupo de *sticking* en semicorcheas. Están escritas dos versiones, empezando y terminando con el *sticking*.

Cuando se trabajen estos ejercicios debe recordarse que:

a. El número de notas del *sticking* es igual al número de pulsos necesarios para que el *sticking* vuelva a empezar en cualquier ritmo.

b. El número de notas del ritmo que estemos usando es igual al número de veces que tenemos que tocarlo.

Por ejemplo, si tocamos un *sticking* de cinco notas en una subdivisión de semicorcheas (cuatro notas por pulso) tendremos que tocar el *sticking* cuatro veces sobre cinco pulsos. Si tocamos un *sticking* de siete notas lo tocaremos cuatro veces sobre siete pulsos. Una vez se entienda bien esta fórmula se podrá tocar cualquier *sticking* sobre cualquier compás y saber exactamente cuando resuelve.

En los siguientes ejercicios veremos diferentes posibilidades con *stickings* de tres, cinco y siete en subdivisión de semicorcheas. Los corchetes sobre las figuras indican la poli-ritmia que se crea con los acentos.

Sticking cíclico de tres notas

1. Comenzando con 3a

2. Terminando con 3a

Sticking cíclico de cinco notas

3. Comenzando con 5a

4. Terminando con 5a

Sticking cíclico de cinco notas (continuación)

5. Comenzando con 5c

6. Terminando con 5c

Sticking cíclico de siete notas

7. Comenzando con 7a

8. Terminando con 7a

9. Comenzando con 7c

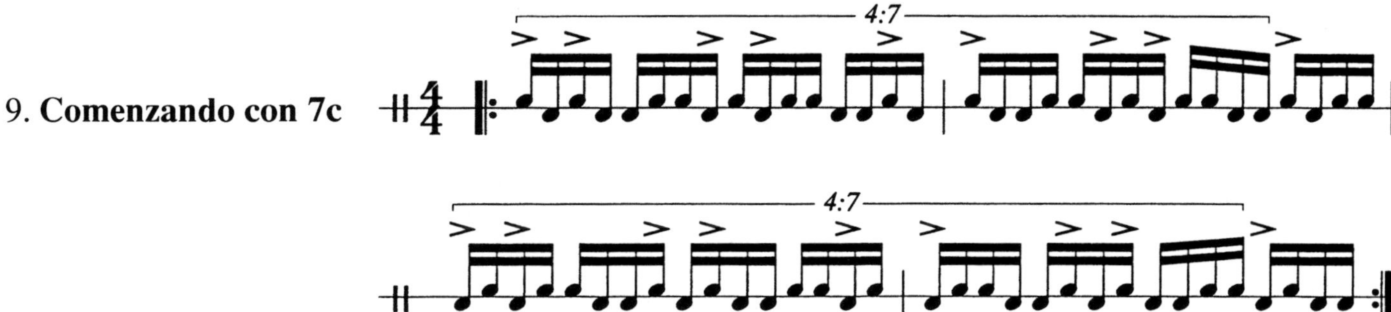

10. Terminando con 7c

11. Comenzando con 7e

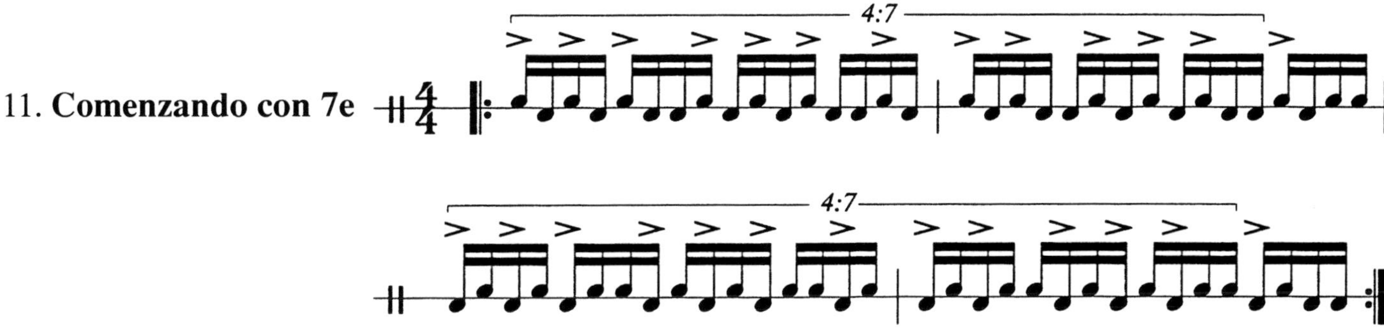

12. Terminando con 7e

Mezcla de Seis-Tres-Tres

Secuencia de 6-3-3

1. **6b/3a/3a**

2. **6d/3a/3a**

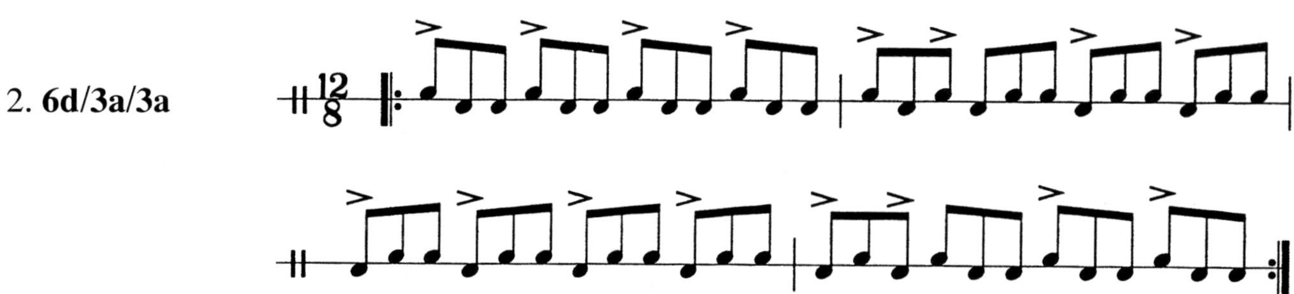

Secuencia de 3-6-3

3. **3a/6b/3a**

4. **3a/6d/3a**

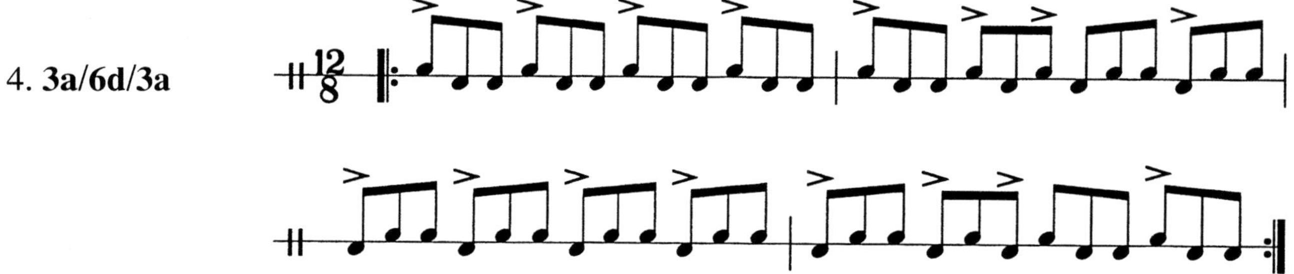

Secuencia de 3-3-6

5. **3a/3a/6b**

6. **3a/3a/6d**

Mezcla de Cinco-Siete

Secuencia de 5-7

1. 5a/7c

2. 5c/7a

3. 5c/7e

Secuencia de 7-5

4. 7c/5a

5. 7a/5c

6. 7e/5c

Mezcla de Ocho-Cuatro

Secuencia de 8-4

1. 8b/4b

2. 8d/4b

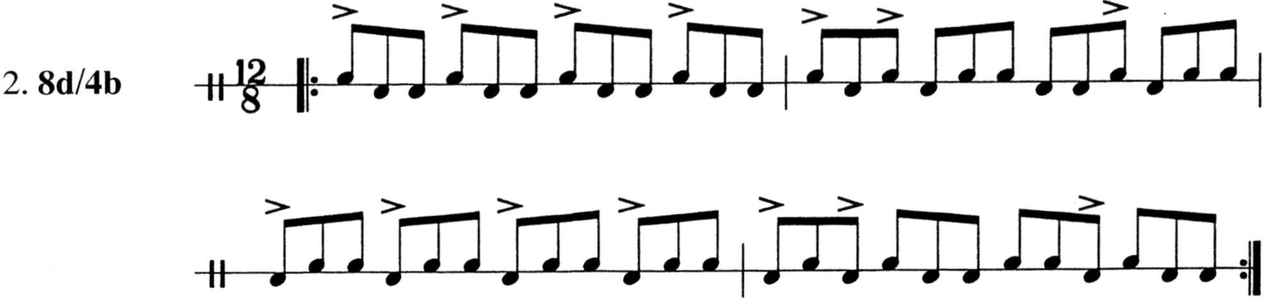

Secuencia de 4-8

3. 4b/8b

4. 4b/8d

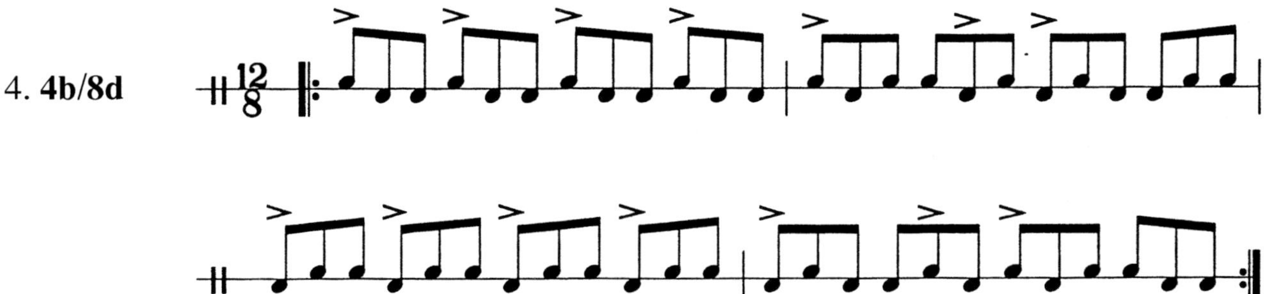

Mezcla de Cinco-Cuatro-Tres

Secuencia de 5-4-3

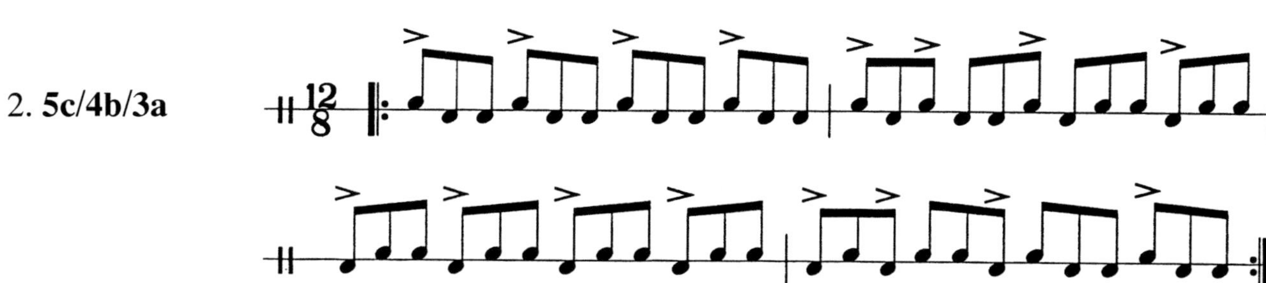

Secuencia de 5-3-4

Secuencia de 3-5-4

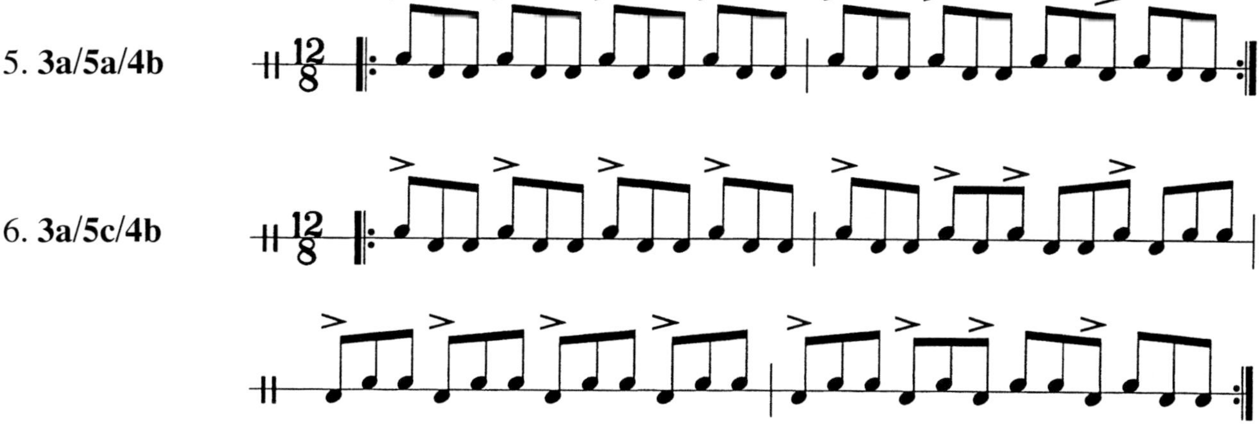

Mezcla de Cinco-Cuatro-Tres (continuación)

Secuencia de 3-4-5

7. 3a/4b/5a

8. 3a/4b/5c

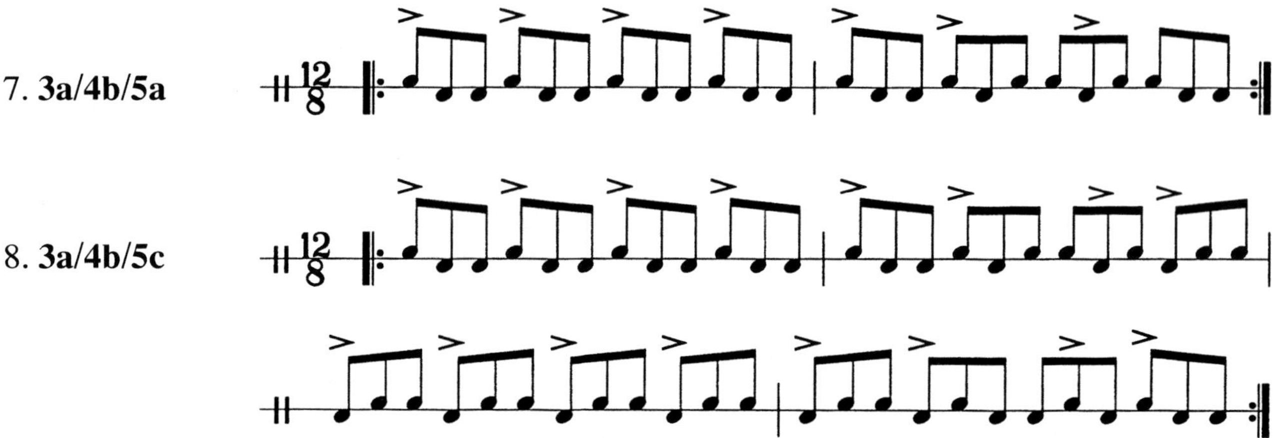

Secuencia de 4-5-3

9. 4b/5a/3a

10. 4b/5c/3a

Secuencia de 4-3-5

11. 4b/3a/5a

12. 4b/3a/5c

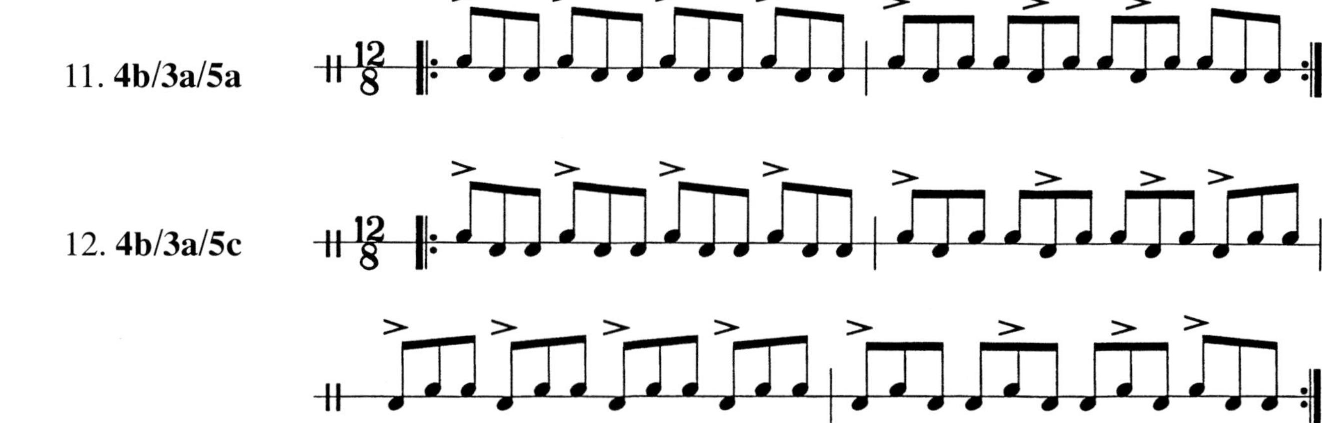

Ciclos en subdivisión de tresillos – stickings de cuatro y ocho notas

Ciclos en subdivisión de tresillos – sticking de cinco notas

4. Comenzando con 5a

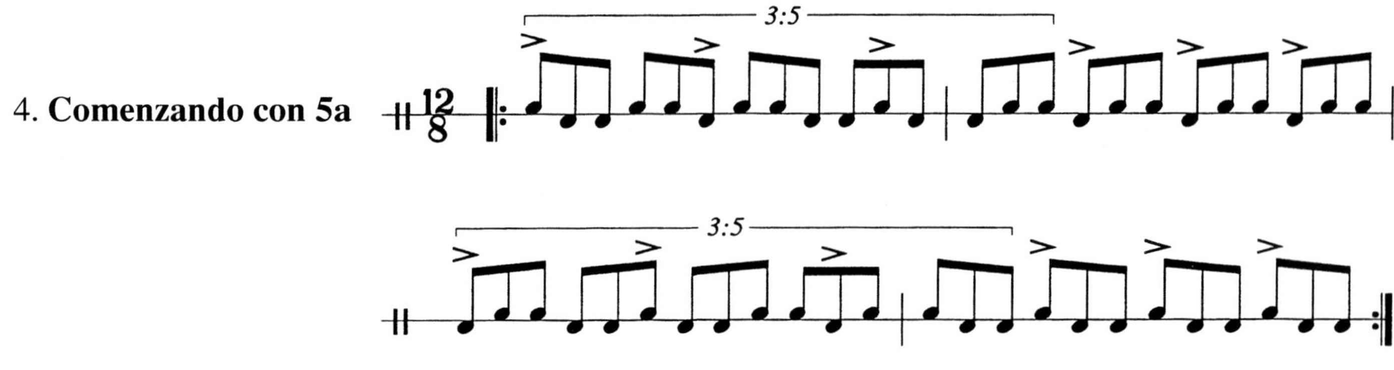

5. Terminando con 5a

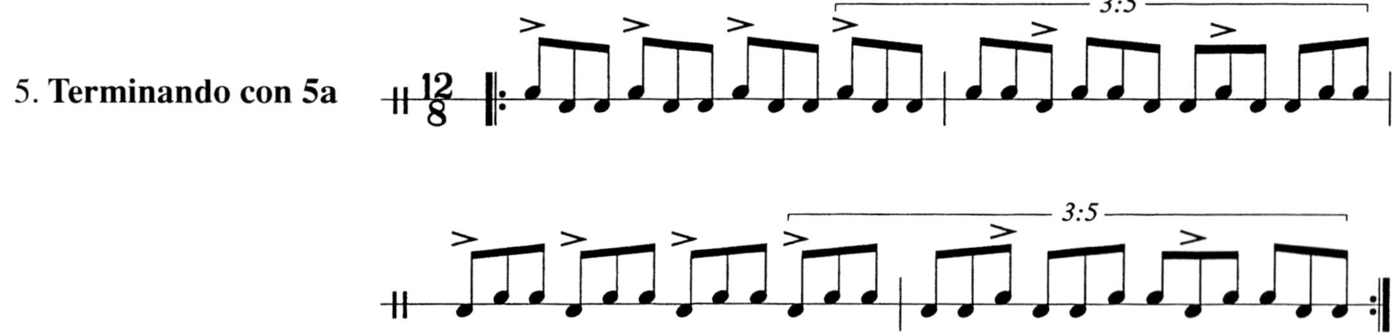

6. Comenzando con 5c

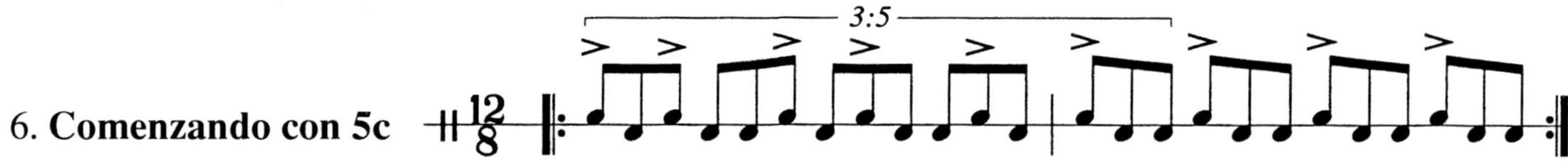

7. Terminando con 5c

Ciclos en subdivisión de tresillos – sticking de siete notas

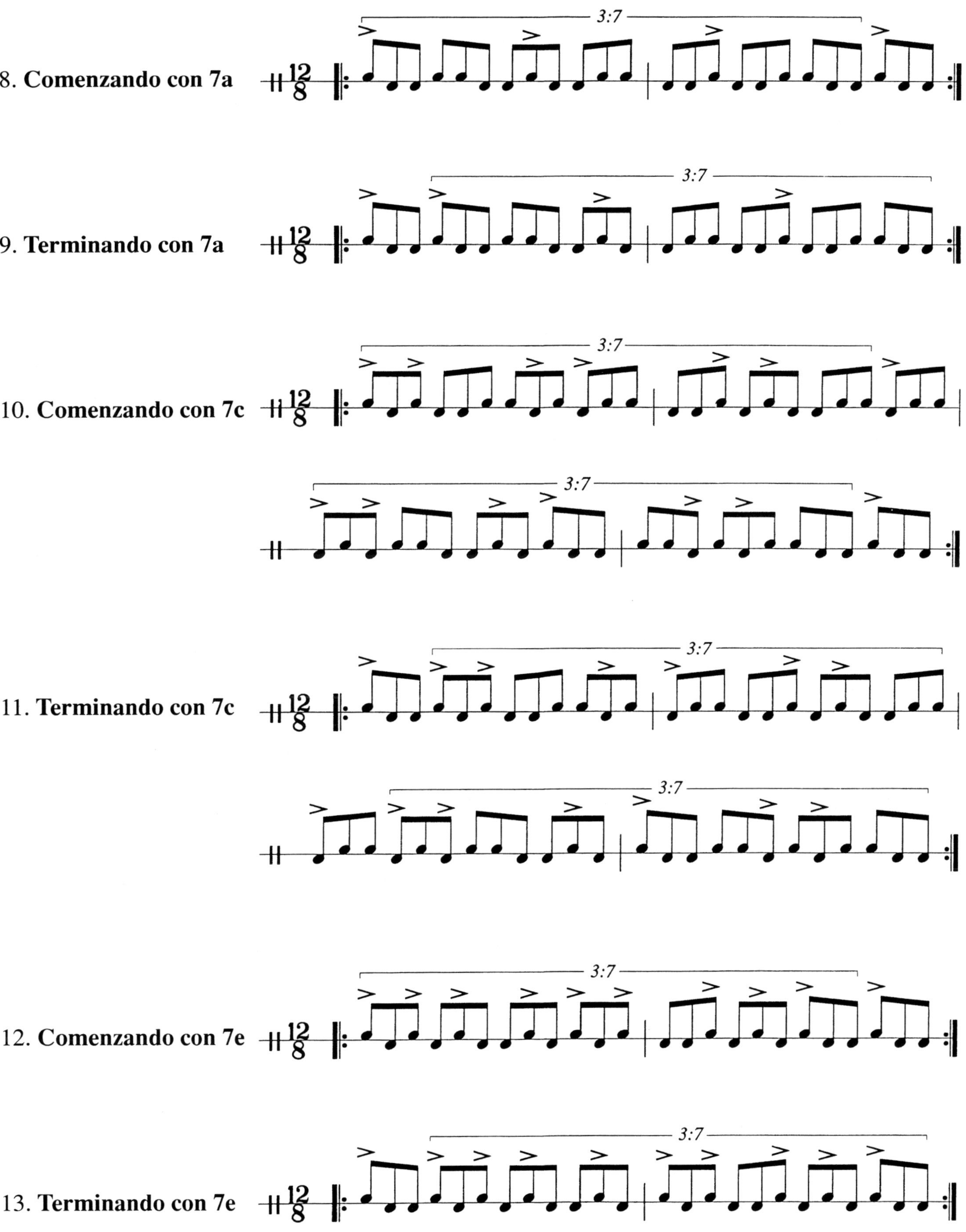

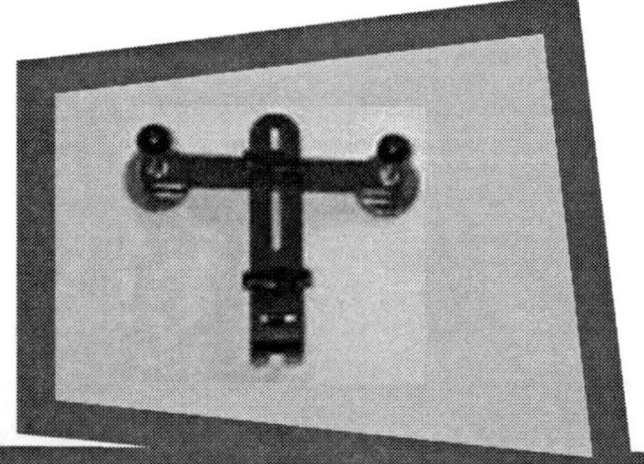